EFICÁCIA DAS NORMAS CONSTITUCIONAIS E DIREITOS SOCIAIS

Celso Antônio Bandeira de Mello

Eficácia das Normas Constitucionais e Direitos Sociais

Malheiros Editores

EFICÁCIA DAS NORMAS CONSTITUCIONAIS E DIREITOS SOCIAIS

ISBN: 978-85-7420-947-0

Direitos reservados desta edição por
MALHEIROS EDITORES LTDA.
Rua Paes de Araújo, 29, conjunto 171
CEP 04531-940 – São Paulo – SP
Tel.: (11) 3078-7205 – Fax: (11) 3168-5495
URL: www.malheiroseditores.com.br
e-mail: malheiroseditores@terra.com.br

Editoração Eletrônica
Letra por Letra Studio

Capa
Vânia Lúcia Amato

Impresso no Brasil
Printed in Brazil
03.2009

Nota Introdutória

Este livro é o texto da palestra sobre "Aplicabilidade das Normas Constitucionais sobre Justiça Social", feita no Congresso Nacional da Ordem dos Advogados do Brasil em Florianópolis/Santa Catarina, maio/1982, com a devida atualização dos dispositivos constitucionais e pequeníssimo acréscimo na parte em que refiro a noção de *direito subjetivo*, bem como efetuada a divisão do tema em capítulos e subtítulos.

Sumário

Capítulo 1

UMA PROPOSTA DE CLASSIFICAÇÃO DA EFICÁCIA DAS NORMAS CONSTITUCIONAIS

I – Introdução. II – A força jurídica vinculante das Constituições. III – As normas constitucionais e a imediata geração de direitos para os administrados.

I – Introdução

1. Em cada período histórico os legisladores constituintes, de regra, incorporam nas Leis Fundamentais aquilo que no período correspondente se consagrou como a mais generosa expressão do ideário da época. Fazem-no, muitas vezes, com simples propósito retórico ou porque não se podem lavar de consigná-los. Mas, animados de reta intenção ou servindo-se disto como blandicioso meio de atrair sustentação política ou de esquivar-se à coima de retrógradas, o certo é que geralmente as Cartas Constitucionais estampam versículos prestigiadores dos mais nobres objetivos sociais e humanitários que integram o ideário avalizado pela cultura da época.

Acresce que o paradigma em que se espelham é o dos centros culturais mais evoluídos. Daí a razão pela qual estes supremos documentos políticos, mesmo quando gestados de forma autoritária, impopular ou antidemocrática, exibem também, em seu bojo, preceptivos iluminados por fulgurações progressistas, humanitárias, deferentes para com a Justiça Social.

2. Adolph Merkel já observou que "até o monarca hereditário é apresentado, por uma política e por uma ciência que tratam de justificar a monarquia com uma ideologia democrática, como um representante de seu povo".[1] Não há, estranhar, pois, que os investidos em poder constituinte pelo povo e os que se auto-investem neste papel, por e para se configurarem como representantes do povo, vejam-se na contingência de insculpir na Lei Suprema um conjunto de dispositivos que exalçam tanto os direitos individuais com os direitos sociais. Ocorre que a forma mais eficiente de torná-los inoperantes na prática, deliberadamente ou não, é desenhá-los em termos vagos, genéricos, fluidos ou dependentes de normação infra-constitucional.

3. Este modo de regular acaba tirando com uma das mãos o que foi dado com a outra. Termina por frustrar o que se proclamou enfaticamente. Cumpre, em última instância, uma função escamoteadora, tenha ou não esta intenção adrede concebida. Porém, tal resultado ocorre menos porque os preceitos em causa sejam juridicamente débeis, inoperantes de direito, e muito mais por uma inadequada compreensão da força jurídica que lhes é própria. Daí a conveniência de dissipar a errônea inteligência predominante acerca da eficácia ou aplicabilidade destas disposições.

1. *Teoría General del Derecho Administrativo*, trad. espanhola, Madrid, Editorial Revista de Derecho Privado, 1935, p. 441.

4. Obviamente, não se imagina que basta atrair a atenção sobre o verdadeiro teor da eficácia que lhes é inerente para solver entraves e dificuldades ubicados em outro sítio: o da realidade sócio-política subjacente. Contudo, pretende-se que a formação de uma consciência jurídica ou sua focalização intensiva sobre a real impositividade normativa das regras constitucionais existentes concorre para induzir a uma aplicação mais ampla de seus comandos. Pretende-se que pode colaborar para a invalidação ou questionamento estritamente jurídico, ante os tribunais, da constitucionalidade de leis, atos concretos ou políticos governamentais cujas orientações pelejam a arca partida com o regramento constitucional atinente à ordem econômica e social.

II – A força jurídica vinculante das Constituições

5. Uma Constituição, desde logo, define-se como um corpo de normas jurídicas. De fora parte quaisquer outras qualificações, o certo é que consiste, antes de mais, em um plexo de regras de Direito.

A Constituição não é um simples ideário. Não é apenas uma expressão de anseios, de aspirações, de propósitos. É a transformação de um ideário, é a conversão de anseios e aspirações em regras impositivas. Em comandos. Em preceitos obrigatórios para todos: órgãos do Poder e cidadãos.

6. Como se sabe, as normas jurídicas não são conselhos, opinamentos, sugestões. São determinações. O traço característico do Direito é precisamente o de ser disciplina obrigatória de condutas. Daí que por meio das regras jurídicas não se pede, não se exorta, não se alvitra. A feição específica da prescrição jurídica é a imposição, a exigência. Mesmo quando a norma faculta uma conduta, isto é, permite – ao invés de exigi-la

–, há, subjacente a esta permissão, um comando obrigatório e coercitivamente assegurável: o obrigatório impedimento a terceiros de obstarem ao comportamento facultado a outrem e a sujeição ao poder que lhes haja sido deferido, na medida e condições do deferimento feito.

7. Uma vez que a nota típica do Direito é a imposição de condutas, compreende-se que o regramento constitucional é, acima de tudo, um conjunto de dispositivos que estabelecem comportamentos obrigatórios para o Estado e para os indivíduos. Assim, quando dispõe sobre a realização da Justiça Social – mesmo nas regras chamadas programáticas – está, na verdade, imperativamente, constituindo o Estado Brasileiro no indeclinável dever jurídico de realizá-la.

8. Além disto, a Constituição não é um mero feixe de leis, igual a qualquer outro corpo de normas. A Constituição, sabidamente, é um corpo de normas qualificado pela posição altaneira, suprema, que ocupa no conjunto normativo. É a Lei das Leis. É a Lei Máxima, à qual todas as demais se subordinam e na qual todas se fundam. É a lei de mais alta hierarquia. É a lei fundante. É a fonte de todo o Direito. É a matriz última da validade de qualquer ato jurídico.

À Constituição todos devem obediência: o Legislativo, o Judiciário e o Executivo, por todos os seus órgãos e agentes, sejam de que escalão forem, bem como todos os membros da sociedade. Ninguém, no território nacional, escapa ao seu império. Segue-se que sujeito algum, ocupe a posição que ocupar, pode praticar ato – geral ou individual, abstrato ou concreto – em descompasso com a Constituição sem que tal ato seja nulo, e da mais grave nulidade, por implicar ofensa ao regramento de escalão máximo.

9. Uma norma jurídica é desobedecida quer quando se faz o que ela proíbe, quer quando não se faz o que ela determina. Com efeito, sendo a Constituição um plexo de normas jurídicas

– e normas de nível supremo –, é inevitável concluir-se que há violação à Constituição tanto quando se faz o que ela inadmite como quando se omite fazer o que ela impõe. E, se omissão houver, ficará configurada uma inconstitucionalidade.

Este conjunto de proposições que vimos enunciando parecerá um repositório de obviedades. Timbramos em proclamar estas noções curiais porque freqüentemente são descuradas no exame das situações concretas. E é deste conjunto de obviedades, perfeitamente explicitado, que pretendemos partir para a análise do assunto que nos ocupa.

10. Todas as disposições constantes de uma Constituição, inclusive as programáticas – repita-se –, são normas jurídicas ou, pelo menos, deve-se partir da presunção de que o sejam. José Afonso da Silva, em seu notável estudo sobre a *Aplicabilidade das Normas Constitucionais*, registra: "Não há norma constitucional de valor meramente moral ou de conselho, avisos ou lições, já dissera Ruy, consoante mostramos noutro lugar. Todo princípio inserto numa Constituição rígida adquire dimensão jurídica, mesmo aqueles de caráter mais acentuadamente ideológico-programático, como a declaração do art. 170 da Constituição: "A ordem econômica (...) tem por fim assegurar a todos existência digna, conforme os ditames da Justiça Social"; ou estas: "O Estado promoverá e incentivará o desenvolvimento científico, a pesquisa e a capacitação tecnológica" (art. 218); "O Estado garantirá a todos o pleno exercício dos direitos culturais e acesso às fontes da cultura nacional" (art. 215)".[2]

Daí haver averbado, com igual felicidade: "Temos que partir, aqui, daquela premissa já tantas vezes enunciada: não há norma constitucional alguma destituída de eficácia. Todas elas irradiam efeitos jurídicos, importando sempre numa inovação da

2. *Aplicabilidade das Normas Constitucionais*, 7ª ed., 2ª tir., São Paulo, Malheiros Editores, 2008, p. 80.

ordem jurídica preexistente a entrada em vigor da Constituição a que aderem e a ordenação instaurada".[3]

De fato, não faria sentido que o constituinte enunciasse certas disposições apenas por desfastio ou por não sopitar seus sonhos, devaneios ou anelos políticos. A seriedade do ato constituinte impediria a suposição de que os investidos em tão alta missão dela se servissem como simples válvula de escape para emoções antecipadamente condenadas, por seus próprios emissores, a permanecerem no reino da fantasia. Até porque, se desfrutavam do supremo poder jurídico, seria ilógico que, desfrutando-o, houvessem renunciado a determinar impositivamente aquilo que consideraram desejável, conveniente, adequado.

11. O que se vem de dizer não contende com o reconhecimento de que as normas constitucionais diferem entre si quanto ao seu teor de aplicabilidade imediata ou quanto à consistência dos direitos que outorgam. Percebe-se, já num primeiro relanço, que algumas normas investem os indivíduos, de logo, em direitos de maior consistência ou expressão do que outras o fazem.

12. É que certos preceptivos constitucionais outorgam imediatamente, sem necessidade de qualquer regramento ulterior, tanto o *desfrute imediato e positivo* de certos benefícios quanto a *possibilidade de exigi-los*, se acaso forem negados.

Sirvam de exemplo a regra que limita em oito horas a duração normal da jornada de trabalho (art. 7º, XIII), a que garante o repouso semanal remunerado (art. 7º, XV) ou a que declara caber ao sindicato a defesa dos direitos e interesses coletivos ou individuais da categoria, inclusive em questões judiciais ou administrativas (art. 8º, III). Ditas normas prescindem de qualquer disposição provinda de lei ordinária para:

a) seu imediato desfrute positivo e

3. *Aplicabilidade das Normas Constitucionais*, cit., p. 81.

b) sua imediata exigibilidade, se desatendido o direito.

13. De revés, outros versículos constitucionais, em decorrência de sua dicção, dependem de normação infraconstitucional para desprenderem a plenitude dos efeitos a que se destinam e que neles se encontram virtualmente abrigados, isto é, *in fieri*. Também eles, de imediato, deflagram efeitos, porém de menor densidade que os anteriores. Com efeito, não outorgam, por si mesmos, o desfrute *positivo* de um benefício, nem permitem exigir que este venha a ser juridicamente composto e deferido.

14. Sem embargo, como ao adiante melhor se verá, permitem aos interessados contraporem-se aos atos legislativos e infralegislativos praticados em antagonismo com a previsão constitucional. Vale dizer: se não proporcionam sacar uma utilidade positiva, fruível a partir da simples norma constitucional, proporcionam, entretanto, empecer comportamentos antinômicos ao estatuído.

Além disto, e por força disto, surtem a conseqüência de impor ao exegeta, na análise de quaisquer atos ou relações jurídicas, contenciosas ou não (portanto, submetidas ao Poder Judiciário ou apenas dependentes de aplicação administrativa), o *dever jurídico* irrecusável de interpretá-los na mesma linha e direção estimativa, para que aponte o dispositivo constitucional.

15. É o quanto basta para evidenciar quer a juridicidade, quer a impositividade destes dispositivos. Seria o caso, por exemplo, da regra que estatui como *princípios* a função social da propriedade (art. 170, III), a redução das desigualdades regionais e sociais (art. 170, VII), a busca do pleno emprego (art. 170, VIII).

Em face do exposto, resulta claro que seria um equívoco supor que as normas ora cogitadas não investem os interessados em direitos de qualquer espécie.

16. Estas duas espécies de regras a que se acaba de aludir neste passo comportam em seu interior outras disquisições, em atenção a novos aspectos diferenciais. Além disto, não são as únicas espécies tipológicas reconhecíveis no texto constitucional. Com efeito, há, ainda, regras meramente atributivas de competências públicas e das quais não se pode extrair, diversamente das hipóteses anteriores, limitação ou constrangimento algum para seus titulares. Seus efeitos jurídicos são os de *conferir poder* aos destinatários das competências outorgadas. O único direito que delas procede para os indivíduos é o de que as competências em pauta não sejam exercidas senão pelos sujeitos nelas regularmente investidos.

17. Parece bem, então, formular um quadro genérico dos distintos tipos de normas constitucionais, e suas subdivisões intestinas, tomando como *critério sistematizador* a *consistência e amplitude dos direitos imediatamente resultantes para os indivíduos*. Com efeito, a partir daí será possível examinar-se especificamente a força jurídica – isto é, a eficácia – das distintas regras constitucionais e reconhecer-se direitos que efetivamente podem ser invocados, desde logo, pelos interessados.

Espera-se demonstrar, uma vez assentadas as premissas sobre a tipologia e a eficácia destas normas, que surdirão, ao final, conclusões altanto surpreendentes. Isto é, que uma correta análise das dicções constitucionais impõe logicamente concluir que a partir delas, e independentemente de normação ulterior, já são invocáveis direitos muito mais amplos e sólidos do que se supõe habitualmente.

18. O fato de virem sendo subutilizados pelos interessados ou de virem sendo desconhecidos a cotio e a sem-fins pelo Poder Público não infirma a tese jurídica de que existem e estão disponíveis. Tal fato serve apenas para incitar os estudiosos do Direito a transitarem persistentemente por este tema e a buscarem em juízo o reconhecimento efetivo destes direitos postergados, até a consolidação de uma consciência nacional capaz de determinar a positividade fática destes direitos, ao menos quando levados à apreciação jurisdicional.

III – As normas constitucionais e a imediata geração de direitos para os administrados

19. Ao examinar-se o tema da aplicabilidade das normas constitucionais, é questão de notável importância perquirir nos dispositivos da Lei Máxima a variedade de espécies reconhecíveis sob o ponto de vista da consistência dos direitos que geram de imediato para os cidadãos. Em suma: é de notável utilidade identificar as distintas posições jurídicas *em que os administrados se vêem imediatamente investidos* em decorrência das regras constitucionais.

Esta perquirição não coincide com o questionamento sobre a eficácia plena, contida ou limitada dos preceitos da Carta Maior. Também não se superpõe à análise relativa à auto-aplicabilidade das normas ou sua dependência de regramento ulterior. Outrossim, não confere com a identificação de normas restringíveis ou intangíveis. Todas estas investigações a que se acaba de aludir são, certamente, muitíssimo importantes. É provável mesmo que, no fundo, tenham como projeto implícito, subjacente, concorrerem também para captar resposta ao questionamento central referido, a saber: "Quais a tipologia e a consistência dos direitos diretamente dedutíveis das normas constitucionais, em prol dos administrados?".

20. Ocorre, entretanto, que as sistematizações mencionadas não apontam direta e frontalmente para o objeto mencionado. Assim, terminam por oferecer modelos de análise que se mostram, em inúmeros casos, inaptos para desatar a questão crucial referida. Pelo menos, é certo que não são montadas em função de um critério adrede estabelecido para ressaltar e exibir, primordialmente, as variedades de normas quanto à *consistência da posição jurídica que deferem aos administrados*.

21. Para confirmar estas assertivas, tome-se, por exemplo, o modelo oferecido por José Afonso da Silva em sua excelente sistematização tripartida. Haveria compreensível – mas falaciosa – tentação de supor que as normas de *eficácia plena* outorgassem sempre aos administrados a posição jurídica de máxima consistência. Deveras: em paralelismo com as de *eficácia contida, cujos efeitos podem ser limitados* por regramento ulterior, e com as de *eficácia limitada*, cujos efeitos essenciais *dependem de ulterior legislação*, as normas de eficácia plena deflagram cabalmente seus efeitos em desatada e imediata aplicação, prescindindo de legislação ulterior e repelindo restrições em seu conteúdo.

Nada obstante, em inúmeros casos as normas de eficácia plena são, precisamente, as que conferem a posição jurídica mais débil para os administrados. Esta espécie de normas tem a peculiaridade de poder gerar tanto a posição jurídica mais forte para os cidadãos quanto a posição jurídica mais fraca.

22. Basta pensar-se na regra do art. 22, I, da Constituição, segundo a qual compete à União legislar sobre direito civil ou direito comercial, *verbi gratia*. É norma de eficácia plena. Surte, de logo, todos os seus efeitos, que são, precisamente, os de investir a União no poder de editar tais regras. Sem embargo, por força deste preceptivo, os administrados não colhem direito algum, exceto o de que tal legislação sendo editada, só o seja pela União. Vale dizer: os cidadãos não sacam desta regra qualquer utilidade ou benefício. Também não podem exigir que o Legislativo legisle, nem podem – com base nela – obstar a que o faça segundo os rumos ou finalidades tais ou quais, eleitos pelo órgão legiferante.

Antinomicamente, a norma do art. 206, IV, impositiva de gratuidade do ensino público nos estabelecimentos oficiais, e que também é regra de eficácia plena, confere imediatamente aos administrados o direito de fruir desta gratuidade e de exigi-la caso o estabelecimento oficial a viole.

Vê-se, então, que duas normas da mesma compostura tipológica – eficácia plena – geram posições jurídicas radicalmente distintas.

23. De outro lado, o preceito do art. 5º, LVIII, impediente de que o civilmente identificado seja submetido a identificação criminal, "salvo nas hipóteses previstas em lei", é norma de eficácia contida. Sem embargo, confere de imediato uma posição jurídica muito mais consistente que a regra de eficácia plena contida no art. 22, I, atribuidora de competência à União para legislar sobre direito civil ou comercial.

Deveras, inobstante caiba à lei reduzir o campo de abrangência do direito fundamental do civilmente identificado de se isentar da identificação criminal, a não ser nos casos que a lei estabeleça, ou mesmo depois de fazê-la – pois só poderá demarcar este campo, nunca extingui-lo –, o certo é que o art. 5º, LVIII, traz, por si mesmo, um direito suscetível de ser imediatamente fruído e exigível.

Verifica-se, portanto, que a disceptação entre normas de eficácia plena, contida ou limitada não é instrumento operativo para isolar os distintos teores de consistência da posição jurídica dos cidadãos ante as normas constitucionais.

24. Isto posto, convém estruturar outro modelo para defrontar o tema. O esquema a ser apresentado não se propõe a contender com os anteriores. É neutro em relação a eles. Não envolve qualquer pronúncia sobre sua acolhida ou rejeição. Com efeito, o critério que vamos adotar é o da investidura, em prol dos administrados, de direitos mais ou menos amplos descendentes direta e imediatamente do texto constitucional. Portanto, o *spiritus rector* da sistematização é diverso.

Com pretender que seja mais operativo para o exame da aplicação das normas constitucionais *no concernente aos direitos argüíveis pelos administrados*, não se desprezams minimamente outras enunciações teóricas. Longe de depreciar modelos de análise valiosíssimos, como os de José Afonso da Silva[4] ou de Celso Bastos e Carlos Brito,[5] mestres que procuraram aperfeiçoar e ultrapassar a contribuição estrangeira na matéria, procuramos, a partir deles e conjugando-os com outros referenciais, buscar um esquema diverso – a nosso ver, mais funcional para os objetivos que nos propomos – porém altamente devedor destes preciosos trabalhos.

4. *Aplicabilidade*, cit.

5. *Aplicabilidade e Interpretação das Normas Constitucionais*, São Paulo, Saraiva.

Capítulo 2

CLASSIFICAÇÃO DAS NORMAS CONSTITUCIONAIS QUANTO À IMEDIATA GERAÇÃO DE DIREITOS PARA OS ADMINISTRADOS

I – Espécies de norma constitucional.

1. O modelo a ser sugerido não se apresenta com aspirações de representar a cabal solução do tormentoso problema posto em foco. Antes, revela-se como um ensaio, proposto como necessário adjutório para o exame dos direitos sociais invocáveis a partir dos preceitos constitucionais.

Trata-se, pois, de um instrumento que tem a pretensão de ser útil, mas que se reconhece ainda tosco e exigente de reflexões muito mais aturadas para ulterior aperfeiçoamento.

É um ponto de partida, e não um termo de chegada, pois não acende luzes bastantes para iluminar todo um plexo de conceitos e noções cujo meneio seria necessário para a composição de um sistema verdadeiramente refinado cientificamente.

Feitas estas oportunas ressalvas, cabe dizer que as normas constitucionais, ao disciplinarem certa matéria, atribuindo posições jurídicas em prol dos administrados, podem fazê-lo de modo vário.

I – Espécies de norma constitucional

2. Algumas vezes a norma constitucional:

(A) Compõe em sua dicção a outorga de um "poder jurídico" em sentido estrito, isto é, de uma situação subjetiva ativa cujo desfrute independe de uma prestação alheia – vale dizer, cuja satisfação não se resolve no cumprimento de uma obrigação a ser solvida por outrem. O bem jurídico é protegido e desfrutável em si mesmo – não como *contrapartida* de vínculo estabelecido em *relação jurídica*. Por isso, é concebível *fora da relação jurídica*. É o sujeito do poder quem, por si próprio, sem o concurso de outrem, frui do bem jurídico deferido. Adotamos aqui o conceito tal como formulado por Santi Romano em magistral estudo sobre o assunto.[1]

Na linguagem corrente, inclusive dos juristas e das normas, costuma ser tratado encambulhadamente com os direitos propriamente ditos (ou direitos *stricto sensu*).

1. "Poteri. Potestà", verbete do igualmente magistral *Frammenti di un Dizionario Giuridico*, Milano, Giuffrè Editore, 1953, reimpressão inalterada da edição de 1947, pp. 172 e ss. O autor, à p. 173, anota que tratou o tema de figuras jurídicas subjetivas pela primeira vez na 1ª edição de seu *Corso di Diritto Costituzionale* (Padova, 1926, pp. 60 e ss.). Para o autor, o Poder, em sentido estrito, diferentemente do direito subjetivo, "desenvolver-se-ia em uma direção ou aspecto genérico, não teria objetos singularmente determinados, não se resolveria em uma pretensão contra outros sujeitos e por isto não seria correlativo a obrigações, enquanto o direito subjetivo desenvolver-se-ia sempre em uma relação jurídica concreta e particular ou com uma determinada coisa ou uma dada pessoa que correlatamente teria obrigações correspondentes".

Seria o caso do "direito de ir e vir", do "direito de inviolabilidade do domicilio", do "direito de propriedade", do "direito de livre comércio", do "direito à vida", "à incolumidade física" etc.

Estes "poderes jurídicos", que a partir de agora passaremos a denominar de "poderes-direitos" (em atenção ao hábito generalizado de chamá-los de direitos), não querem uma atuação alheia. Requerem uma *abstenção*, uma omissão, em geral do Poder Público. Os titulares destes poderes-direitos não necessitam que alguém lhes preste algo, mas, pelo contrário, só necessitam que outrem não os embarace, não os turbe. Isto é, requerem, para seu gozo e exercício, um comportamento omissivo de terceiros.

As normas que conferem poderes-direitos aos administrados, contanto que aludam ao sentido nuclear do bem jurídico em que se traduzem, outorgam, *de imediato*: a) *uma utilidade concreta*, um *desfrute positivo*; b) *a possibilidade de exigir esta utilidade se for embaraçada ou perturbada por outrem.*

Criam, portanto, posição jurídica imediata, de plena consistência ao administrado, prescindindo de qualquer regramento subseqüente.

3. Outras vezes a norma constitucional:

(B) Compõe em sua dicção o necessário e suficiente para gerar em prol do administrado uma concreta utilidade, suscetível de fruição mediante desfrute positivo e que consiste em um *direito em sentido estrito*, que é o direito propriamente dito, isto é, bem jurídico cuja fruição depende de uma *prestação alheia.* Daí que se realiza na intimidade de uma relação jurídica e como expressão dela, vale dizer, manifestação funcional específica de cumprimento daquela relação jurídica. Por isso, tal direito de fruição, para ocorrer, depende de que a norma constitucional *haja desenhado uma conduta de outrem* (geralmente do Estado) em termos que permitam reconhecer qual o comportamento específico deste terceiro capaz de dar concreta satisfação à utilidade deferida ao administrado.

Tome-se, por exemplo, o art. 210, § 1º, da Constituição: "O ensino religioso, de matrícula facultativa, constituirá disciplina dos horários normais das escolas públicas de ensino fundamental".

A simples existência deste preceito, sem necessidade de qualquer outra regra subseqüente, já garante, de imediato, o direito a *fruir de ensino religioso* e de *exigir que seja ministrado*, caso os referidos estabelecimentos o omitam.

A norma indica quem é o obrigado e caracteriza, de modo suficiente, a conduta devida cujo implemento satisfaz o direito concedido.

Verifica-se do exposto que em ambos os casos até agora tratados – outorga de "poder-direito" e outorga de direito em sentido estrito (graças à suficiente descrição da conduta alheia que o satisfaz) – a posição jurídica do administrado é plenamente consistente, desde a regra constitucional. Ela atribui, *de imediato*, nas duas hipóteses, (a) o *desfrute positivo* de uma concreta utilidade e (b) o *poder jurídico de exigir este desfrute*, se turbado por terceiro ou negado por quem tinha que satisfazê-lo.

4. Contudo, a regra constitucional pode ainda limitar-se tão-somente a:

(C) Expressar em sua dicção apenas uma finalidade a ser cumprida obrigatoriamente pelo Poder Público, sem, entretanto, apontar os meios a serem adotados para atingi-la, isto é, sem indicar as condutas específicas que satisfariam o bem jurídico consagrado na regra.

Seria o caso, por exemplo, do art. 226: "A família, base da sociedade, tem especial proteção do Estado".

O mesmo se dirá da regra que estatui ser princípio da ordem econômico-financeira a "função social da propriedade" (art. 170, III).

Nestas hipóteses a posição jurídica dos administrados é menos consistente que nos casos anteriores, *pois não lhes con-*

fere fruição alguma, nem lhes permite exigir que se lhes dê o desfrute de algo.

Sem embargo, tais regras não são irrelevantes. Assim, desde logo, permitem deduzir imediatamente que é proibida a edição de normas ou a prática de comportamentos antagônicos ao disposto no preceptivo, pois seriam inconstitucionais. Permitem ainda concluir que, por força de seus enunciados, a Administração, ao agir, terá de comportar-se em sintonia com as diretrizes destes preceitos e o Judiciário, ao decidir sobre qualquer relação jurídica, haverá de ter presentes estes vetores constitucionais como fator de inteligência e interpretação da relação jurídica *sub judice*.

Donde é possível concluir que as regras em apreço conferem, de imediato, ao administrado direito a:

a) *opor-se judicialmente ao cumprimento de regras ou à prática de comportamentos que o atinjam, se forem contrários ao sentido do preceito constitucional*;

b) obter, nas prestações jurisdicionais, interpretação e decisão orientadas no mesmo sentido e direção preconizados por estas normas sempre que estejam em pauta os interesses constitucionais protegidos por tais regras.

5. Apontados os tipos de normas quanto à consistência dos direitos que delas procedem para os cidadãos, vejamos agora, brevemente, as divisões internas que comportam as normas outorgadoras de poderes-direitos e direitos *stricto sensu* imediatamente fruíveis e exigíveis.

Ambas admitem duas espécies:

a) poderes-direitos ou direitos em sentido estrito insuscetíveis de restrição;

b) poderes-direitos ou direitos em sentido estrito restringíveis por lei ordinária.

A distinção em apreço, enfatizada por Celso Bastos e Carlos Brito, resulta de que às vezes a própria regra constitucional que os prevê também prevê que a lei disporá sobre a matéria de molde a definir-lhes a extensão. Como o texto da Lei Maior os constitui sem ressalva – excetuada a que resultar da lei presumida na própria dicção constitucional –, ao ser editada a regra prevista o direito ou poder originalmente outorgado sofre uma redução em sua esfera.

É o caso, por exemplo, do art. 37, VII, segundo o qual o direito de greve dos servidores públicos será exercido nos termos e nos limites definidos em lei específica. A edição desta norma reduzirá o alcance do "direito" em apreço.

Anote-se que o surgimento destas leis não é condição para que o direito constitucionalmente outorgado possa ser fruído – como bem observou José Afonso da Silva. Tem razão o ilustre Mestre. Tal direito preexiste à edição das regras infraconstitucionais. Passa-se – isto, sim – que sua compostura é mais ampla neste momento e sofre compressão ulterior, quando da produção das regras autorizadas. Daí por que Celso Bastos e Carlos Brito caracterizaram tais regras constitucionais como restringíveis.

Em oposição a elas tem-se, por exemplo, a regra do art. 7º, VII, que assegura "garantia de salário, nunca inferior ao mínimo, para os que percebem remuneração variável". Esta forma de regramento não abre espaço para que a lei venha a restringir o direito.

6. As normas que outorgam direitos suscetíveis de serem imediatamente desfrutáveis e exigíveis também reclamam o seguinte discrímen:

a) normas que delimitam com exatidão o conteúdo do direito, porque a dicção constitucional se vale de expressões inelásticas, isto é, de significado preciso;

b) normas que delimitam aproximativamente o conteúdo do direito, porque a dicção constitucional vale-se de expressões elásticas, isto é, de significado algo fluido, altanto impreciso.

É do primeiro tipo a regra que defere ao trabalhador direito a repouso semanal remunerado, estatuída no art. 7º, XV.

É do segundo tipo a norma do art. 7º, XXXIII, que proíbe o trabalho noturno *perigoso* ou *insalubre* a menores de 18 anos.

Sem embargo, cumpre alertar que não seria exato considerar necessária a especificação por lei do que é trabalho "perigoso" ou "insalubre" para que os direitos contemplados no preceptivo referido possam, desde logo, ser havidos como imediatamente defluentes do texto constitucional e exigíveis pelo interessado. Deveras, o conteúdo das expressões "perigoso" e "insalubre" pode ensejar algum questionamento, porém sempre dentro de certos limites, vez que em inúmeros casos serão *indiscutíveis* a periculosidade ou a insalubridade. Ora, desde o instante em que é reconhecível um significado central, incontrovertível, da palavra, nenhuma razão existe para diferir a aplicação do preceito para o instante em que norma ulterior venha a recortar o campo de suas fronteiras mais estendidas.

7. Por certo, é da mais indubitável conveniência que a legislação dissipe as áreas brumosas destes conceitos e precise, com rigor, o alcance exato de cada um deles. Daí não se segue, entretanto, que os interessados fiquem impedidos de fruir tais direitos – e de exigi-los, judicialmente, se desatendidos – caso os Poderes Públicos forem inertes na emissão das providências especificadas ou se derem aos conceitos utilizados pela linguagem constitucional uma dimensão inferior ao significado mínimo que podem comportar numa intelecção normal, razoável.

A este propósito calham à fiveleta as lições do jusfilósofo Genaro Carrió,[2] reportando-se à área de imprecisão dos conceitos: "Todo cuanto podemos decir es que hay casos centrales o típicos

2. *Notas sobre Derecho y Lenguage*, Buenos Aires, Abeledo-Perrot, 1972, p. 29.

frente a los cuales nadie vacilaría en aplicar la palabra, y casos claros de exclusión respecto de los cuales nadie dudaría en no usarla. Pero en el medio hay una zona mas o menos extendida de los casos posibles frente a los cuales, cuando se presentan, no sabemos que hacer".

Segue-se que, nada obstante existam as situações fronteiriças, penumbrosas, onde proliferam as incertezas, há também áreas de inquestionável certeza sobre o cabimento do conceito. Aliás, se não existissem tais áreas as palavras seriam meros ruídos sem qualquer conteúdo. Não seriam signos, é dizer, significantes, e a comunicação humana tornar-se-ia impossível.

8. Logo, deflui disto que a imprecisão ou a fluidez das palavras constitucionais não lhes retiram a imediata aplicabilidade dentro do campo induvidoso de sua significação. Supor a necessidade de lei para delimitar este campo implicaria outorgar à lei mais força que à Constituição, pois deixaria sem resposta a seguinte pergunta: "De onde a lei sacou a *base significativa* para dispor do modo em que o fez, ao regular o alcance do preceito constitucional?".

É puramente ideológica – e não científica – a tese que faz depender de lei a fruição dos poderes ou direitos configurados em termos algo fluidos.

9. Outrossim, é importante realçar que no direito privado, no direito penal ou processual jamais se questionou caber ao Judiciário o reconhecimento das fronteiras destes conceitos fluidos, que são comuns em todas as províncias do Direito.

Ao respeito, vem a talho o seguinte escólio de García de Enterría: "La técnica de los conceptos jurídicos indeterminados (que, no obstante su nombre, un tanto general, son conceptos de valor o de experiencia utilizados por las leyes) es común a todas las esferas del Derecho. Así en el derecho civil (buena-fe, diligencia del buen padre de familia, negligencia etc.), o en el penal (nocturnidad, alevosía, abusos deshonestos etc.), o en el procesal (dividir la continuencia de la causa, conexión directa, pertinencia de los interrogatorios, medidas adecuadas para promover la ejecución, perjuicio irreparable etc.) o en el mercantil (interés social, sobrescimento general en los pagos etc.)".[3] Ora bem, se em todos os ramos do Direito as normas fazem uso deste tipo de conceitos, sem que jamais fosse negado caber aos juízes fixar seu alcance nos casos concretos – o que está a demonstrar a possibilidade de sacar deles uma certa significação –, por que negar que possam fazê-lo quando se trata de extrair o cumprimento da vontade constitucional? Por que imaginar necessário que o Poder Legislativo disponha sobre a matéria para só então considerar o Poder Executivo ou terceiro obrigado a respeitá-los em matéria de liberdades públicas ou de direitos sociais?

A explicação é simples. Ainda aqui comparece uma posição ideológica, autoritária, às vezes inconsciente de que nada mais representa senão reminiscência de um autocratismo privilegiador do Estado, mera reverberação enaltecedora de prerrogativas regalengas.

3. *Curso de Derecho Administrativo*, vol. 1, Madrid, Civitas, 1974, pp. 293-294.

Capítulo 3

A Justiça Social na Carta Constitucional do País

1. Ao cabo da exposição feita, cabe endereçar os critérios sugeridos ao tema da Justiça Social na Constituição. Com efeito, este é um campo particularmente propício para elucidação dos pontos de vista até aqui expendidos. Por força das explicações procedidas, a análise da aplicabilidade das regras constitucionais concernentes a tal matéria resulta em trabalho simples e forçosamente sintético. É mera aplicação das noções previamente esclarecidas, e por isso pode ser feita com grande brevidade.

2. O tema da Justiça Social está contemplado, sobretudo, nos arts. 6º, 7º, 170 e 193 da Lei Maior.

Tais preceptivos são de máxima relevância; contudo, há também outros versículos de grande significação. Sirvam de exemplos o art. 9º, atinente ao direito de greve, ou, ainda, certos dispositivos ubicados dentro no capítulo sobre "Educação, Cultura e Desporto". Alguns deles cumprem função de assinalado realce para efetivar-se a Justiça Social. É o caso do art. 206, IV, que assegura gratuidade do ensino público em estabelecimentos oficiais e, conforme o art. 208, I, a oferta de ensino fundamental gratuito aos que a ele não ao tiveram acesso na idade própria.

Não se pretende fazer um exame exaustivo das várias disposições interessantes ao tema, porém contemplá-las genericamente e colher algumas das mais expressivas, qual amostras demonstrativas da aplicabilidade das normas constitucionais segundo o teor de consistência dos direitos que geram para os cidadãos.

3. Cumpre ressaltar que o Título VII da Constituição – cuja rubrica é "Da Ordem Econômica e Financeira" – abre-se com o art. 170, o qual estabelece: "A ordem econômica, fundada na valorização do trabalho humano e na livre iniciativa, tem por fim assegurar a todos existência digna, conforme os ditames da justiça social, observados os seguintes princípios: I – soberania nacional; II – propriedade privada; III – função social da propriedade; IV – livre concorrência; V – defesa do consumidor, VI – defesa do meio ambiente, inclusive mediante tratamento diferenciado conforme o impacto ambiental dos produtos e serviços e de seus processos de elaboração e prestação; VII – redução das desigualdades regionais e sociais; VIII – busca do pleno emprego; IX – tratamento favorecido para as empresas de pequeno porte constituídas sob as leis brasileiras e que tenham sua sede e administração no país".

4. Em suma, o que o art. 170 faz é *obrigar*, *impor*, *exigir* que a ordem econômica e social se estruture e se realize de maneira a atender aos objetivos assinalados. Igualmente *obriga*, *exige*, *impõe* que a busca destas finalidades obrigatórias se faça *por meio de certos caminhos, também obrigatórios*: aqueles estampados nos incisos referidos, os quais são erigidos ao nível de *princípios*.

Princípio – já averbamos de outra feita – "é, por definição, mandamento nuclear de um sistema, verdadeiro alicerce dele, disposição fundamental que se irradia sobre diferentes normas, compondo-lhes o espírito e servindo de critério para sua exata compreensão e inteligência, exatamente porque define a lógica e a racionalidade do sistema normativo, conferindo-lhe a única que lhe dá sentido harmônico".[1]

5. Sua relevância e sua supremacia sobre as normas ordinárias foram admiravelmente apreendidas por Agustín Gordillo nas seguintes luminares palavras:

"Diremos entonces que los principios de derecho público contenidos en la Constitución son normas jurídicas, pero no sólo eso: mientras que la norma es un marco dentro del cual existe una cierta libertad, el principio tiene sustancia integral. La simple norma constitucional regula el procedimiento por el que son producidas las demás normas inferiores (ley, reglamento, sentencia) y eventualmente su contenido: pero esa determinación nunca es completa, ya que la norma superior no puede ligar en todo sentido y en toda dirección el acto por el cual es ejecutada; el principio, en cambio, determina en forma integral cual ha de ser la sustancia del acto por el cual se lo ejecuta.

"La norma es límite, el principio es límite y contenido. La norma da a la ley facultad de interpretarla o aplicarla en más de un sentido, y el acto administrativo la facultad de interpretar la ley en más de un sentido; pero el principio establece una dirección estimativa, un sentido axiológico, de valoración, de espíritu. El principio exige que tanto la ley como el acto administrativo respecten sus límites y además tengan su mismo contenido, sigan su misma dirección, realicen su mismo espíritu.

"Pero, aún mas, esos contenidos básicos de la Constitución rigen toda la vida comunitaria y no solo los actos a que más di-

1. *Ato Administrativo e Direitos dos Administrados*, São Paulo, Ed. RT, 1980, p. 87; v., também, nosso *Curso de Direito Administrativo*, 26ª ed., São Paulo, Malheiros Editores, 2009, pp. 53 e 948.

rectamente se refieren o a las situaciones que más expresamente contemplan".[2]

Eis a razão por que em outra oportunidade assinalamos: "Violar um princípio é muito mais grave que transgredir uma norma. A desatenção ao princípio implica ofensa não apenas a um específico mandamento obrigatório, mas a todo o sistema de comandos. É a mais grave forma de ilegalidade ou inconstitucionalidade, conforme o escalão do princípio violado, porque representa insurgência contra todo o sistema, subversão dos seus valores fundamentais, contumélia irremissível a seu arcabouço lógico e corrosão de sua estrutura mestra".[3]

6. Segue-se que todas as leis e todos os atos administrativos hão de perseguir o desenvolvimento nacional e a Justiça Social e hão de pautar-se, obrigatoriamente, pelos princípios mencionados no art. 170, sob pena de serem *inconstitucionais* naquilo em que traduzirem descompasso com as finalidades estatuídas e com os princípios a que se devem ater.

Outra conclusão seria impossível, salvo negando-se o próprio Direito. Não há, pois, qualquer possibilidade de serem *validamente produzidos* leis, regulamentos, resoluções ou atos concretos do Executivo se estiverem em desarmonia com as regras mencionadas.

Ora bem, quando um ato é invalido o Direito o rechaça. Se nulo, o Poder Judiciário, ao apreciar uma lide, deve fulminá-lo *ex oficio*; se anulável, terá de fazê-lo sob provocação da parte. Outrossim, a Administração, ao conhecer de vício em ato seu, deverá, *sponte propria* ou instigada por terceiro, eliminá-lo do universo jurídico, repudiando atos nulos ou anuláveis que estejam a macular o texto constitucional.

2. *Introducción al Derecho Administrativo*, 2ª ed., Buenos Aires, Abeledo-Perrot, 1966, pp. 176-177.

3. *Ato Administrativo e Direitos dos Administrados*, cit., p. 88; v., também, nosso *Curso de Direito Administrativo*, 26ª ed., cit., pp. 53 e 949.

7. Desde logo, o art. 85 configura como crime de responsabilidade do Presidente da República a prática de atos que *atentem contra a Constituição* e especialmente contra – entre outros valores – "o exercício dos direitos políticos, individuais e *sociais*" (inciso III).

Donde qualquer ato do chefe do Executivo que transgrida as finalidades da ordem econômica e financeira e viole os princípios arrolados no art. 170 ou os direitos sociais do trabalhador aloja-se, *in abstracto*, no campo sancionado pelo art. 85 sempre que implique atentado ao exercício destes direitos – como o "direito" de greve, previsto no art. 9º, por exemplo. Ademais, o art. 102, I, "a", prevê a ação direta de declaração de inconstitucionalidade quando se tratar de lei ou ato normativo, a ser julgada pelo Supremo Tribunal Federal. Isto significa que a própria Lei Maior estabelece o dever de serem expurgados do sistema os atos normativos praticados em desacordo com suas disposições. Demais disso, a Constituição prevê também a ação de inconstitucionalidade por omissão, no § 2º do art. 103.

8. Mas não só isto.

Em muitos casos o ato inconstitucional, sobre ofender a ordem jurídica, implicará lesão ao patrimônio público. E aí haverá lugar para a propositura de ação popular, contemplada no art. 5º, LXXIII.

Entendemos que o conceito de *lesão ao patrimônio público* deve ser entendido dentro de balizas mais dilatadas que as reconhecidas habitualmente para seu alcance. Estamos em que procede a tese segundo a qual esta via jurídica não autoriza mera defesa do direito objetivo, independentemente de qualquer gravame ao patrimônio público. Sem embargo, não parece, ante a índole do instituto, que o conceito de *patrimônio público* deva ser considerado com vistas acanhadas ou com mirada pedestre.

Não há razão substante para isto. Também é patrimônio público o *patrimônio cultural* – que não se expressa apenas em monumentos históricos, em edificações significativas, em documentos valiosos para nossa tradição. É patrimônio cultural de um povo, também – e sobretudo –, aquele que encarna valores cívicos e sociais transcendentes. Tal patrimônio expressa-se em valores espirituais, consagrados, outrossim, pelo Direito, e encarna bens tão estimáveis ou mais estimáveis que as realizações materiais nas quais se incorporam outros interesses elevados.

9. O respeito à dignidade humana, estampado entre os fundamentos da República no art. 1º, III, é patrimônio de suprema valia e faz parte, tanto ou mais que algum outro, do acervo histórico, moral, jurídico e cultural de um povo. O Estado, enquanto seu guardião, não pode amesquinhá-lo, corroê-lo, dilapidá-lo ou dissipá-lo.

Se para fins de ação popular o patrimônio ecológico – por ser o campo de ambiência humana – é reconhecido como incluso no conceito de patrimônio público, não há negar que dentro deste conceito cabem interesses ainda mais fortes, porque dizem respeito ao próprio homem e não simplesmente ao que lhe é exterior.

10. Então, haverá que distinguir as normas de *mera organização* e as normas em que se encerram bens, interesses, que são os produtos expressivos da cultura de um povo. Entre estas, indubitavelmente, encontram-se as normas relativas à Justiça Social.

A ação popular não é meio de defesa da legalidade *sic et simpliciter*. Porém, sendo via de defesa do patrimônio público, entendemos forçoso concluir que está plenamente juridicizada a possibilidade de atacar-se por este meio ato que lese este patrimônio comum do povo brasileiro: a Justiça Social, tal como estampada no Diploma Superior do país.

11. Feitas estas considerações de ordem geral, debrucemonos sobre alguns preceitos do art. 170, em seus vários itens.

O *caput* do artigo especifica que a ordem econômica se funda na "valorização do trabalho" (e na "livre iniciativa").

Esta regra não é apenas – embora também o seja – um comando para o legislador e uma diretriz inafastável quer para o Executivo, na produção de sua política econômica e social, quer para os empregadores. Ela é – mais que simples programa – uma *fonte de direito subjetivo* para o trabalhador. Quer-se dizer: qualquer ato, normativo ou concreto, que traduza desrespeito à valorização do trabalho será inconstitucional e estará, desde logo, transgredindo um direito de todos e de cada um dos indivíduos atingidos.

Donde qualquer trabalhador pode comparecer a juízo para *anular* o ato assim gravoso, sem necessidade de se fundar em qualquer dispositivo específico outro que não este mesmo, o art. 170.

Deveras, a Carta Constitucional não pode valer menos que uma lei, que um regulamento ou uma portaria do Ministério do Trabalho.

Se o texto constitucional proclama que "a valorização do trabalho é fundamento da ordem econômica", isto significa que erigiu esta noção em princípio, vale dizer, em cânone mais forte que uma simples regra – pelo quê ele é invocável como supedâneo imediato de uma pretensão jurídica.

12. É puramente ideológica – e não científica – a suposição de que este preceito necessitaria de ulteriores especificações para embasar oposição a atos descompassados com tal mandamento.

Nem se diga que está em pauta conceito vago, fluido, impreciso e, por isso, carente de especificação legal. Já se anotou que os conceitos desta ordem são comuns nas regras jurídicas e têm, todos eles, um núcleo significativo estreme de dúvidas. Por isso, ao Judiciário cabe conhecer de seu alcance para aplicação do Direito no caso concreto. Não há supor que a inteligência judicial seja, de direito, e muito menos de fato, desamparada de luzes bastantes para extrair deste preceptivo a dimensão que tem. Falece razão lógica prestante para preservar ao Legislativo a compreensão de um mandamento constitucional e a assinatura de sua amplitude.

13. O art. 170, III, decide que a propriedade terá "função social". Por idênticas razões, os cidadãos atingidos por atos do Poder Público que façam – como muitas vezes fazem – *tabula rasa* deste cânone poderão invocá-lo para obstar aos atos agressivos ao comando em pauta. Havendo, como há, largos tratos de terras públicas devolutas sem qualquer utilização por decênios, é inconstitucional legitimar, por este ou por aquele meio, pessoas ou empresas abonadas na posse ou propriedade delas sempre que isto implique desalojar modestos posseiros que ali residam.

Cabe, em nome da função social da propriedade – que este é o mínimo de sentido atribuível à expressão – reconhecer precedência para estes na ocupação e permanência na terra. Para supeditar esta precedência basta o art. 170, III, que é igualmente suficiente para embasar a nulidade de medidas que conflitem com a função reconhecível à propriedade. Por isso, é defesa hábil e suficiente, de direito, a invocação deste preceito para a garantia, em juízo, dos economicamente desamparados em situações desta espécie. E o Poder Judiciário estará dando cumprimento à sua missão específica se fulminar, com fundamento na Carta Constitucional, providências incompatíveis com o sentido daquela regra do art. 170.

Ainda aqui a fluidez do conceito "função social" não é causa bastante para considerá-lo de valência nula. Recusar-lhe algum conteúdo implicaria sacar do texto o que nele está. Corresponderia a ter como não-escrito o que ali se consignou. Equivaleria a desmanchar, sem título jurídico para tanto, um princípio apontado como cardeal no sistema. Donde, no interior do campo significativo irrecusável comportado pela expressão "função social", é dever do Judiciário, sob apelo do interessado, fazê-lo aplicável nas relações controvertidas.

14. O § 4º do art. 173 dispõe que "a lei reprimirá o abuso de poder econômico que vise à dominação dos mercados, à eliminação da concorrência e ao aumento arbitrário dos lucros".

É óbvio que esta regra foi prevista em benefício de toda a coletividade; mas, por isso mesmo, deve-se considerar que gera *direito subjetivo público* para os indivíduos – que são, a final, os componentes da coletividade.

Capítulo 4

A Necessária Atualização da Noção de Direito Subjetivo

1. Conquanto sem aprofundar o tema do direito subjetivo, que aqui comparece como um incidente – embora importantíssimo –, pode-se ao respeito dele dizer o que segue, ressaltando de logo que é preciso aturado precato para não fazer dele, sob capa de rigorismo técnico, mero instrumento de uma visão ideológica desamparada de bom fomento jurídico.

A observação quadra, porque é de uso receber tal noção, no direito público, em termos muito estritos.

Forjam-se disquisições que lhe dão dimensões mais angustas que as toleradas pelas exigências contidas na índole do Estado de Direito.

Às vezes, por exemplo, quer-se supor ausente a legitimação do administrado para assujeitar o Poder Público à lei, *sub color* de que a regra violada está a tutelar interesses de toda a coletividade, concebida *in abstracto*, e não diretamente dos indivíduos, de onde se extrai a carência de direito subjetivo para postular judicialmente o império da norma.[1]

Se nos desapegarmos de uma tradição conservadora, inconscientemente atrelada a reminiscências de um período *anterior ao Estado de Direito* e que, por isso mesmo, vem manejando categorias jurídicas com as mesmas dimensões que tinham em outro quadro jurídico, será indeclinável reconhecer que este direito, de que ora se fala, é pura e simplesmente um *direito subjetivo* em sua expressão na esfera pública e considerado na dimensão que lhe corresponde no Estado de Direito.

Deveras, a visão tradicional do direito subjetivo, montada em vista de relações privadas, não teve sob seu foco de mira relações de direito público ou situações de direito público que se marcam pelo específico propósito de assujeitar o Estado a um completo respeito aos interesses dos indivíduos, mas cuja compostura evidentemente não é idêntica ao universo de situações despertadas pelas relações entre particulares.

2. Assim, ao ser extrapolada a noção de direito subjetivo do direito privado para o direito público, apanhou sob sua mirada apenas as situações que se apresentavam mais aparentadas com a estrutura das situações de direito privado, pelo quê ficariam ao desamparo aquelas que não reproduzissem tal fisionomia.

O lógico, portanto, é alargar a visão tradicional de direito subjetivo, para colocar em seus quadrantes um universo tão compreensivo quanto aquele que possui em relação ao direito privado. Trata-se, em suma, de outorgar-lhe igual nível de funcionalidade em ambos os ramos do Direito, pois não há razão lógica prestante para dimensioná-lo em termos tão angustos que

1. Ocorre que naquele direito, nos casos aludidos, considera-se que estes seriam interesses legítimos e não direitos subjetivos. Passa-se que na Itália tanto há proteção para uns quanto para outros. Os direitos subjetivos são defensáveis ante o Poder Judiciário. Já os interesses legítimos se defendem na jurisdição administrativa.

impliquem negar, no direito público, proteção a situações que o Estado de Direito reclama estejam sob cabal amparo.

Deve-se, aqui, colacionar uma vez mais lições sempre admiráveis de Eduardo García de Enterría, de acordo com as quais: "Cuando un ciudadano se ve perjudicado en su ámbito material o moral de intereses por actuaciones administrativas ilegales *adquiere*, por la conjunción de los dos elementos de perjuicio y de la ilegalidad, un *derecho subjetivo* a la eliminación de esa actuación ilegal, de modo que se defienda y restablezca la integridad de sus intereses". Daí averbar: "Por ello la famosa afirmación de Bachof, decisiva en la evolución práctica y en la interpretación del Derecho Alemán, según la cual todas las ventajas (*Begünstigen*) derivadas del ordenamiento para cada ciudadano se han constituido en *verdaderos derechos subjetivos*, expresa un principio capital del actual Estado de Derecho, pero debe matizarse, para evitar posibles equívocos, con la observación de que la constitución de derechos subjetivos no surge directamente por la inferencia de tales ventajas desde el ordenamiento, sino sólo y únicamente cuando las mismas sufren una agresión injusta por parte de la Administración, derechos subjetivos que tienden entonces al restablecimiento de dichas ventajas por vía reaccional o de eliminación del injusto que las niega, las desconoce o las perturba".[2]

3. Em suma, entre nós, deve-se considerar que está em pauta argüição de direito subjetivo quando

(a) a ruptura da legalidade cause ao administrado um agravo pessoal do qual estaria livre se fosse mantida íntegra a ordem jurídica ou

(b) lhe seja subtraída uma vantagem a que acederia ou a que pretenderia aceder nos termos da lei e que pessoalmente

2. *Curso de Derecho Administrativo*, cit., vol. 1, pp. 50-51.

desfrutaria ou faria jus a disputá-la se não houvesse ruptura da legalidade, *nada importando que a ilegalidade argüida alcance a um ou a um conjunto de indivíduos conjuntamente afetados, por se encontrarem na mesma situação objetiva e abstrata.*

É que, em rigor de verdade, e conforme lições do autor citado: "La legalidad de la Administración no es así una simple exigencia a ella misma, que pudiese derivar de su condición de organización burocrática y racionalizada: es también, antes que eso, *una técnica de garantizar la libertad.* Toda acción administrativa que fuerze un ciudano a soportar lo que la ley no permite no sólo es una acción ilegal, es una agresión a la libertad de dicho ciudadano. De este modo la oposición a un acto administrativo ilegal es, en último extremo, una defensa de la libertad de quien ha resultado injustamente afectado por dicho acto".[3]

Em suma, o princípio da legalidade não visou simplesmente à mera estruturação formal de um aparelho burocrático tendo em vista balizar de fora, mediante lei, sua composição orgânica e seus esquemas de atuação. O que se pretendeu e se pretende, a toda evidência, foi e é sobretudo estabelecer em prol de todos os membros do corpo social uma proteção e uma garantia. Quis-se outorgar-lhes, em rigor, uma dupla certeza, a saber:

(a) de um lado, que ato administrativo algum poderia impor *limitação, prejuízo ou ônus aos cidadãos* sem que tais cerceios ou gravames estivessem previamente autorizados em lei e que ato administrativo algum poderia *subtrair ou minimizar vantagens e benefícios* que da lei resultariam para os cidadãos se esta fosse observada;

(b) de outro lado, que todos os cidadãos tivessem, dessarte – por força mesmo do que acima se indicou –, a *garantia de um*

3. Eduardo García de Enterría e Tomás-Ramón Fernández, *Curso de Derecho Administrativo*, 2ª ed., Madrid, Civitas, 1981, p. 48.

tratamento isonômico, pois é a lei, como norma geral e abstrata (em contraposição ao ato administrativo, disposição individual e concreta), que, por suas características inerentes, enseja um tratamento uniforme, igual para todos.

4. Com efeito, embora se trate de algo óbvio, é bom relembrar sempre que a própria legalidade – valor alçado à categoria de bem extremamente prezável – impôs-se como característica do Estado de Direito sobretudo como meio especificamente apto para preservar *outro valor*; justamente aquele que se pretendia, acima de tudo, consagrar: o da *igualdade*.

Não por acaso o lema da Revolução Francesa foi "Liberté, *Egalité*, Fraternité", ao invés de "Liberté, Legalité, Fraternité".

É que o Estado de Direito abomina os casuísmos, as ofensas à isonomia, pois estas atacam fundo um objetivo básico que se visou a preservar através do princípio da legalidade. Deveras, por via dele almejou-se que houvesse uma regra só, a mesma para todos os colhidos por sua abrangência e efeitos, embargando-se então as perseguições e favoritismos, vale dizer, *o arbítrio, cuja eliminação é precisamente o objetivo máximo do Estado de Direito*.

Em suma: quem ofende o princípio da igualdade ofende, *ipso facto*, a razão de ser do princípio da legalidade pois, como disse Black, em seu monumental *Handbook on the Construction and Interpretation of Laws*,[4] "tanto é parte da lei o que nela está explícito, quanto o que nela está implícito" ("It is a rule of construction that which is implied in a statute is as much a part of it as what is expressed"). Assim, também, o que está implícito em um princípio integra-o com a mesma força com que o integra o que nele está explícito.

4. St. Paul, West Publishing Co., 1896, p. 67.

5. Aliás, este valor – a isonomia –, que a ordem normativa pretende colocar a bom recato, está estampado no texto constitucional do país *não apenas na implicitude que advém do princípio da legalidade, mas por consagração expressa* tanto na própria abertura do título relativo aos "Direitos e Garantias Fundamentais" (art. 5º) como especificamente na qualidade de cânone básico regedor da Administração, no art. 37, ao se consagrar ali o princípio da *impessoalidade*. Constitui-se, pois, em causa autônoma de proteção aos administrados e, portanto, base de per si suficiente para legitimar subjetivamente quem quer que, tendo sofrido agravos decorrentes de sua violação por parte de algum ato administrativo, pretenda insurgir-se judicial ou extrajudicialmente contra o sobredito gravame.

6. Visto que a legalidade e a isonomia não foram concebidas para deleite da Administração ou para exibir uma aparência de modernidade das instituições jurídico-administrativas de um país, mas, precisamente, *para proteger as pessoas* contra os malefícios que lhes adviriam se inexistissem tais limitações, à Administração cumpre sacar disto pelo menos as conclusões mais óbvias.

A primeira delas, e que ressalta por sua evidência, é que, se a restauração ou a correção das violações à legalidade e à isonomia não pudessem ser judicialmente exigíveis pelos agravados em quaisquer hipóteses nas quais fossem ofendidos *contra jus* ambos os princípios, muito pouco valeriam. Seriam inúmeras vezes fictícios.

Eduardo García de Enterría, referindo-se à impropriedade de considerar existentes direitos subjetivos apenas nas hipóteses em que tais direitos se apresentassem com a mesma feição estrutural com que se apresentam no direito privado, averbou que: "(...) en la práctica, ello significaría que tal legalidad, al no poder su aplicación ser exigida por ningún otro sujeto, se reduciría a una simple regla moral para la Administración, que ella sola seria libre (a lo sumo bajo control parlamentario, no bajo del juez, a quien nadie podrá poner en movimiento) de acatar o violar".[5]

Por força disto, impende reconhecer que as disposições constitucionais balizadoras da ação do Estado são mecanismos prepostos a conter certos rumos estatais, em *prol dos indivíduos*, e a direcionar-lhe as condutas para certos rumos, em *prol dos cidadãos*. Donde serem eles mesmos, indivíduos, titulares de direitos À obediência destas regras que assujeitam o Poder Público.

Calcado nestas premissas, temos por certo que aos administrados assiste o direito de propor ação anulatória de atos – ou de política – do Executivo que favoreçam o domínio dos mercados, ou que concorram para o aumento arbitrário dos lucros, ou que facultem elevações injustificadas de preços controlados pelos próprios organismos estatais.

7. O inciso VIII do art. 170 consagra como princípio estrutural da ordem econômica a "busca do pleno emprego".

Em decorrência deste preceito, *não pode existir validamente política econômica que deprima as oportunidades de emprego*. Portanto, não pode, validamente, ser desenvolvida política econômica que se oriente por uma linha geradora de retração na oferta de empregos produtivos.

Dentre as teóricas alternativas econômicas à disposição do Estado, *esta é vedada*. Todas as vias têm que ser percorridas, sacrificando-se, se necessário, outros interesses, para evitar rumo que implique ofensa aos princípios do art. 170.

É *inconstitucional* a eleição de um caminho econômico que atente diretamente contra o objetivo de realizar a Justiça

5. Eduardo García de Enterría e Tomás-Ramón Fernández, *Curso de Derecho Administrativo*, cit., 2ª ed., p. 38.

Social ou que agrida qualquer dos incisos do art. 170. Assim, é inconstitucional a sucessão de atos (que compõem uma política) nos quais se assume, previamente, um resultado proibido pela Carta Máxima. Por chocante que seja a conclusão, não há negá-la, ante a clareza da regra estampada no Diploma do país.

Por ser inconstitucional enveredar por caminho que leva, cientemente, à retração na oferta de emprego, qualquer trabalhador provadamente vitimado por esta política pode propor ação anulatória dos atos que diretamente concorrem para o resultado proibido.

É isto que resulta do art. 170, VIII, a menos que se o considere não-escrito, inexistente, de valor nenhum. Ou que se queira considerá-lo um *comando* originalíssimo: um comando que o comandado cumpre apenas se quiser fazê-lo, a seu talante.

8. Todas as regras examinadas pertencem à categoria, dantes referida, em que apenas são explicitados fins, sem indicação dos meios previstos para alcançá-los. Por isso, não chegam a conferir aos cidadãos uma utilidade substancial, concreta, desfrutável positivamente e exigível quando negada. Sem embargo, consoante se deixou dito nos tópicos próprios, são fontes de direitos, porque têm o alcance de

a) proporcionar aos administrados a possibilidade de se oporem judicialmente ao cumprimento de regras e à prática de comportamentos adversos ao estatuído na Carta do pais, além de

b) imporem ao Judiciário, quando da interpretação e dicção do Direito nos casos concretos, decisões que convirjam na mesma direção e sentido destes preceitos – resultando daí a pretendida proteção constitucional aos administrados.

9. Consideremos, agora, hipótese distinta. Examinemos regra inclusa na categoria das normas que geram utilidade substancial, positivamente suscetível de imediato desfrute pelos cidadãos, porque descritiva da conduta alheia que, uma vez implementada, realiza a satisfação do bem jurídico outorgado pela Carta do país.

Como visto, tais regras geram, de imediato,

a) direito à fruição de utilidade deferida e

b) direito a exigi-la judicialmente, se negada.

Exemplo delas pode ser recolhido no art. 7º:

"Art. 7º. São direitos dos trabalhadores urbanos e rurais, além de outros que visem à melhoria de sua condição social: (...)

"IV – salário-mínimo, fixado em lei, nacionalmente unificado, capaz de atender a suas necessidades vitais básicas e às de sua família com moradia, alimentação, educação, saúde, lazer, vestuário, higiene, transporte e previdência social, com reajustes periódicos que lhe preservem o poder aquisitivo, sendo vedada sua vinculação para qualquer fim."

Num primeiro súbito de vista pode parecer que tal fixação legal de salário é indiscutível. Entretanto, nenhuma destas suposições seria exata.

Deveras: o mandamento descreve a utilidade a ser fruída – salário capaz de satisfazer as necessidades normais de um trabalhador e sua família. A conduta devida, conquanto implícita e decorrência imediata da textualidade da norma: pagar salário que atenda aos requisitos mencionados.

Segue-se que para operatividade do preceito nada mais é *indispensável* senão que o empregador efetue tal paga. Sem dúvida, é de todo conveniente que a lei, tal como previsto na Constituição, o estabeleça. Nada obstante, se houvesse omissão legal, caberia a qualquer trabalhador a quem fosse pago salário abaixo do indispensável para atendimento das necessidades aludidas acionar o Estado para que cumprisse o dever constitucional. E o *quantum* devido seria fixado pelo juiz da causa, que nisto exerceria função nada diferente da que lhe assiste em inúmeros casos em que, por dever de ofício, reconhece o alcance e a extensão de outros conceitos vagos e imprecisos. Assim, quando fixa o "justo preço" de uma indenização, ou quando arbitra "quantia médica", ou quando estabelece a cabível pensão alimentar "na proporção das necessidades do reclamante e dos recursos da pessoa obrigada", ou quando verifica se alguém cuidou da coisa entregue em comodato "como se sua fora", o que está a fazer é pura e simplesmente determinar o conteúdo destas noções fluídas.

10. Mas não só isto.

Se a lei estabelecer salário mínimo *inferior* às necessidades *vitais básicas* de um trabalhador e sua família, insuficiente para acobertar-lhe o indispensável para moradia, alimentação, educação, saúde, lazer, vestuário, higiene, transporte – como, de regra, acontece –, estará violando um direito constitucional à paga que é devida ao trabalhador e garantida pela Lei Máxima ("São direitos dos trabalhadores urbanos e rurais ...").

Uma vez que o Estado é o responsável pela norma fixadora do salário mínimo devido, caso viole o piso constitucionalmente imposto, *haverá editado lei nula* e se tornará o responsável direto pela diferença de valor subtraída inconstitucionalmente ao trabalhador. Assujeitar-se-á, pois, à ação de responsabilidade pelos danos que causou, sem prejuízo do direito dos trabalhadores de buscarem nas vias judiciais, mediante dissídio coletivo, o reconhecimento *in concreto* do salário mínimo que lhes cabe por força da regra constitucional.

11. Deveras, não há tergiversar. Desde que a Carta do país garante salário obediente a certos padrões, o trabalhador faz jus a ele. "Necessidades vitais" não é conceito inapreensível. Não é expressão cabalística, de ocultismo, pertencente ao reino das coisas que escapam à compreensão humana. Aliás, se o fora, o Texto Maior não a haveria mencionado. Trata-se, pois, de noção acessível à mente humana.

Tudo se resume, portanto, a uma análise fática daquilo que compõe ou necessita compor o quadro das despesas correntes de um homem e sua família, em certa época e região, para que possam ter uma *existência digna*. Com efeito, há, como visto, no próprio art. 7º, IV, o referencial a ser apreciado para apreensão do salário capaz de satisfazer às necessidades vitais. Donde resulta evidente que estará fora do conceito de salário capaz de atender às "necessidades vitais básicas" o salário que não componha o suficiente para acudir aos bens jurídicos mencionados.

12. Sem dúvida, a noção do que sejam as necessidades correspondentes a cada um dos itens ali referidos e a serem satisfeitas pelo salário mínimo comporta alguma dissensão, certa controvérsia, um *quantum* de dúvidas, pelo quê não se pode, com precisão capilar, antecipar definição de fronteiras milimetricamente demarcadas. Entretanto, se isto é verdade, não menos verdadeiro é que as dúvidas e controvérsias se localizam nas franjas do conceito, e não em sua zona central, nuclear.

Há um halo de incerteza, uma auréola brumosa. Todavia, esta região fluida circunda um campo central denso de conteúdo significativo, onde a intelecção se instala com firmeza. É dizer: há um limite dentro no qual não se poderá duvidar do uso próprio e pertinente da palavra e também um limite a partir do qual não se poderá duvidar do uso impróprio e abusivo da palavra. Ao Judiciário cabe dizer sobre isto.

Ao respeito, calha uma observação postrema.

13. Supor que é o Legislativo, e só ele, o titular da dicção do critério sobre o que seja o salário mínimo – e não o Judiciário – implica proferir um absurdo jurídico incapaz de resistir à mais superficial análise.

O intérprete das normas – quem diz a verdade jurídica – não é o Legislativo, nem o Executivo, mas o Judiciário. Ora, as disposições constitucionais são normas. Assim, o titular do poder jurídico de dizer sobre elas é, pois, o Judiciário.

E em nosso sistema sua pronúncia incide quer sobre normas legais, quer sobre normas constitucionais, tanto que qualquer juiz, *incidenter tantum*, emite juízo acerca da constitucionalidade de leis ao decidir situações contenciosas. Além disso, entre nós existe até mesmo a declaração de inconstitucionalidade de lei em tese pelos tribunais. Sobremais, é próprio do Judiciário averiguar se um ato administrativo está, ou não, conforme às normas.

Pretender que a definição legal existente ou a fixação específica do salário mínimo são irrecusáveis corresponderia ao despautério de atribuir ao Legislativo o *monopólio* da interpretação das normas constitucionais, quando sequer lhes pertence, como *função*, a tarefa interpretativa.

14. A interpretação que o Legislativo faz da Lei Maior é simples condição do exercício de sua missão própria: legislar dentro dos termos permitidos. Nisto não se diferencia da interpretação das leis que o Executivo necessita fazer para cumpri-las. Porém, nem um nem outro têm a *função jurídica* de interpretar normas. A interpretação que fazem é itinerário lógico irremissível para o cumprimento de outras funções. Diferentemente, o único a quem assiste – e monopolisticamente – a função de interpretar normas, para aplicá-las aos casos concretos, é o Poder Judiciário.

15. Por tudo isto, é irrecusável o direito dos cidadãos de postular jurisdicionalmente os direitos que decorrem das normas constitucionais reguladoras da Justiça Social, captando de suas disposições, conforme o caso,

a) ou a garantia do exercício de poderes – como, por exemplo, os relativos ao "direito" de greve; ou

b) a satisfação de uma utilidade concreta a ser satisfeita pela prestação de outrem – como o salário mínimo ou o salário-família, *exempli gratia*; ou

c) a vedação de comportamentos discrepantes dos vetores constitucionais – como a anulação de atos agressivos à função social da propriedade ou à expansão das oportunidades de emprego.

16. Consoante esclarecido inicialmente, o objetivo deste trabalho não é o exame exaustivo das várias disposições constitucionais atinentes à Justiça Social, porém a análise de seus distintos teores eficaciais. Assim, cabe, agora, apontar, sinteticamente, as conclusões emergentes, propiciadas pelo tipo de abordagem temática adotado.

Capítulo 5

Conclusões

I – Conclusões genéricas

1. Por força do art. 170 da Carta Constitucional, toda a ordenação jurídica do país assim como todos os atos concretos do Poder Público interferentes com a ordem econômica e social, para serem legítimos, deverão estar comprometidos com a realização da Justiça Social.

2. As disposições constitucionais relativas à Justiça Social não são meras exortações ou conselhos, de simples valor moral. Todas elas são – inclusive as programáticas – comandos jurídicos e, por isso, obrigatórias, gerando para o Estado deveres de fazer ou não-fazer.

3. Há violação das normas constitucionais pertinentes à Justiça Social – e, portanto, *inconstitucionalidade* – quer quando o Estado age em descompasso com tais preceitos, quer quando, devendo agir para cumprir-lhes as finalidades, omite-se em fazê-lo.

4. Todas as normas constitucionais concernentes à Justiça Social – inclusive as programáticas – geram imediatamente direitos para os cidadãos, inobstante tenham teores eficaciais distintos. Tais direitos são verdadeiros "direitos subjetivos", na acepção mais comum da expressão.

5. As normas constitucionais atinentes à Justiça Social podem ser agrupadas em três espécies tipológicas:

a) algumas são concessivas de poderes jurídicos, os quais podem ser exercitados de imediato, com prescindência de lei;

b) outras são atributivas de direito a fruir, imediatamente, benefícios jurídicos concretos, cujo gozo se faz mediante prestação alheia que é exigível judicialmente, se negada;

c) outras, que apenas apontam finalidades a serem atingidas pelo Poder Público, sem indicar a conduta que as satisfaz, conferem aos administrados, de imediato, direito de se oporem judicialmente aos atos do Poder Público acaso conflitantes com tais finalidades.

6. Uma vez que os efeitos correspondentes a cada espécie tipológica eclodem de imediato, a disponibilidade dos direitos assim gerados independe de lei ulterior mesmo quando o preceito constitucional prevê regulamentação restritiva de seu âmbito.

7. Todas as normas constitucionais atinentes à Justiça Social – tenham a estrutura tipológica que tiverem – surtem, de imediato, o efeito de compelir os órgãos estatais, quando da análise de atos ou relações jurídicas, a interpretá-los na mesma linha e direção estimativa adotadas pelos preceitos relativos à Justiça Social. Assim, tanto o Executivo, ao aplicar a lei, quanto o Judiciário, ao decidir situações contenciosas, estão cingidos a proceder em sintonia com os princípios e normas concernentes à Justiça Social.

8. A existência dos chamados conceitos vagos, fluidos ou imprecisos nas regras concernentes à Justiça Social não é impediente a que o Judiciário lhes reconheça, *in concreto*, o âmbito significativo. Esta missão é realizada habitualmente pelo juiz nas distintas áreas do Direito e sobretudo no direito privado. Além disso, por mais fluido que seja um conceito, terá sempre um núcleo significativo indisputável. É puramente ideológico e sem nenhuma base jurídica o entendimento de que a ausência de lei definidora obsta à identificação do conceito e à invocação do correlato direito.

9. Ação ou omissão do chefe do Executivo que embargue o desfrute dos direitos sociais pode ensejar crime de responsabilidade, pois o art. 85 da Constituição configura como tal o atentado contra o exercício dos direitos sociais.

10. Os direitos sociais fazem parte do acervo histórico, jurídico, ético e cultural dos povos civilizados. Integram o patrimônio cultural do povo brasileiro. Por isso se incluem no conceito de *patrimônio público*. Daí que sua lesão pode ensejar propositura de ação popular constitucional, com base no art. 5º, LXXIII.

Aplicando-se as conclusões genéricas apontadas, chega-se às seguintes conclusões concretas:

II – Conclusões concretas

1. Os indivíduos atingidos por atos do Poder Público ou de terceiro que amesquinhem a "valorização do trabalho" podem, com supedâneo direto no art. 170, promover-lhes judicialmente a anulação.

2. Os indivíduos atingidos por atos do Poder Público que atentem contra a "função social da propriedade" – *verbi gratia*, desalojando de terras devolutas moradores carentes, para trespassá-las a pessoas ou entidades abonadas – podem impugná-los judicialmente, com fundamento direto no art. 170, III.

3. Indivíduos agravados por elevações injustificadas de preços controlados por organismos oficiais podem, com fundamento direto no art. 170, V, promover a anulação judicial das autorizações que as facultaram.

4. Política econômica que conduz, cientemente, à retração na oferta de emprego implica frontal contradição ao art. 170,

VIII – que subordina a ordem econômica e social ao princípio da busca do pleno emprego. Trabalhador prejudicado por ela pode propor, com base naquele preceptivo, ação anulatória dos atos administrativos que diretamente concorrem para o resultado proibido.

5. É direito constitucional do trabalhador receber salário mínimo capaz de satisfazer a suas necessidades normais e de sua família, conforme o art. 7º, IV. Tal regra é operativa por si. Disposição que fixar salário mínimo em montante inferior às necessidades de uma existência digna (art. 1º, III) será nula. Ensejará ao trabalhador a propositura de ação de responsabilidade patrimonial do Estado pela diferença de valor inconstitucionalmente subtraída. Além disso, caberá aos trabalhadores, mediante dissídio coletivo, buscarem nas vias judiciais o reconhecimento *in concreto* do valor salarial mínimo que de direito lhes assiste, por força da regra constitucional.

Bibliografia

BANDEIRA DE MELLO, Celso Antônio. *Ato Administrativo e Direitos dos Administrados*. São Paulo, Ed. RT, 1980.

____________. *Curso de Direito Administrativo*. 2ª ed. São Paulo, Malheiros Editores, 2009.

BASTOS, Celso, e BRITO, Carlos. *Aplicabilidade e Interpretação das Normas Constitucionais*. São Paulo, Saraiva.

BLACK. *Handbook on the Construction and Interpretation of Laws*. St. Paul, West Publishing Co., 1896.

CARRIÓ, Genaro. *Notas sobre Derecho y Lenguage*. Buenos Aires, Abeledo-Perrot, 1972.

FERNÁNDEZ, Tomás-Ramón, e GARCÍA DE ENTERRÍA, Eduardo. *Curso de Derecho Administrativo*. 2ª ed. Madrid, Civitas, 1981.

GARCÍA DE ENTERRÍA, Eduardo. *Curso de Derecho Administrativo*. vol. 1. Madrid, Civitas, 1974.

____________, e FERNÁNDEZ, Tomás-Ramón. *Curso de Derecho Administrativo*. 2ª ed. Madrid, Civitas, 1981.

GORDILLO, Agustín. *Introducción al Derecho Administrativo*. 2ª ed. Buenos Aires, Abeledo-Perrot, 1966.

MERKEL, Adolph. *Teoría General del Derecho Administrativo*. Trad. espanhola. Madrid, Editorial Revista de Derecho Privado, 1935.

SILVA, José Afonso da. *Aplicabilidade das Normas Constitucionais*. 7ª ed., 2ª tir. São Paulo, Malheiros Editores, 2008.

01665

GRÁFICA PAYM
Tel. (011) 4392-3344
paym@terra.com.br